SKANEN KÒD LA
pou aksede
liv elektwonik anime,
kat vokabilè,
kesyon konpreyansyon,
paj koloryaj
ak anpil lòt bagay

RANKONTRE KARAKTÈ NOU YO ATRAVÈ TOUT LIV NOU YO !

RENCONTREZ NOS CARACTÈRES À TRAVERS NOS LIVRES !

La Petite Pétra™

PWOGRAM BILENG
POU TIMOUN

PROGRAMMES BILINGUES
POUR ENFANTS

18 TIT
12 SERI
5 LANG
Lòt lang disponib pou kòmand espesyal

18 TITRES
12 SÉRIES
5 LANGUES
Langues personnalisées disponibles sur commandes spéciales

LIV FIZIK — LIVRES PHYSIQUES

LIV ELEKTWONIK ANIME — LIVRES ÉLECTRONIQUES AUDIO ANIMÉS

FICH VOKABILÈ — FICHES DE VOCABULAIRE

KESYON KONPREYANSYON — QUESTIONS DE COMPRÉHENSION

PAJ KOLORYAJ — FEUILLES DE COLORIAGE

JWÈT PÈZÈL — JEUX PUZZLES

PARAN AK PWOFESÈ,

Konpliman dèske nou ankouraje pitit nou pou yo konn pale plizyè lang !

Se yon desizyon ki pral bay bon rannman pou tout lavi ti moun yo ! Rechèch montre ke, si yon ti moun aprann yon lang anvan li gen 6 an, l ap pi fasil pou l rive pale lang lan kòm si li se yon natif natal. Epi tou, rechèch montre ke ti moun ki bileng gen plis jèvrin nan kapasite yo kòm aprann.

Objektif nou nan konpayi Young and Bilingual™, se pou nou akonpaye ou ak pitit ou yo oswa elèv ou yo, pou yo vin bileng byen bonè nan anfans yo. Ilistrasyon yo bèl, epi tou yo gen anpil koulè. Chak liv gen mo vokabilè ladan yo, lis mo outi ki sèvi nan liv la, ak esplikasyon pou pwononsyasyon plizyè son ki nan liv la.

Nou defini kat nivo pou liv nou yo :

⓪ Chanson Ti moun
Chante ansanm ak pitit ou chante tradisyonèl ou te pi renmen lè ou te piti !

① Preskolè - jaden d anfan
Lekti entèraktif, ideyal pou ti moun piti k ap dekouvri monn lan

② Lekòl matènèl - premye ane fondamantal
Fraz ki senp, ki fèt pou ti moun ki pa ko konn li oswa k ap aprann li (mwens pase 150 mo)

③ Jaden d anfan rive nan premye ane fondamantal
Istwa ki fèt pou ti moun ki fenk aprann li pou kont yo (mwens pase 300 mo)

④ Jaden d anfan rive dezyèm ane fondamantal
Istwa ki kout e ki prezante leson lavi ak dekouvèt kiltirèl (mwens pase 600 mo)

Young and Bilingual™ ofri materyèl bileng GRATIS sou sit entènèt li a www.lapetitepetra.com pou ede pitit ou ak elèv ou vin bileng. Nou akeyi fidbak ou pou nou kontinye amelyore liv ak pwogram nou yo. Rete an kontak ak nou epi, tou, n espere tout ti moun yo ava byen pwofite !

CHERS PARENTS ET ENSEIGNANTS,

Nous vous félicitons d'encourager vos enfants et élèves à devenir bilingues et à apprendre à lire en plusieurs langues ! C'est une décision qui portera ses fruits pendant de nombreuses années ! Les recherches ont montré qu'il est plus facile pour un enfant d'apprendre une nouvelle langue et adopter un accent natif avant l'âge de 6 ans. Les recherches montrent également que les enfants bilingues ont de meilleures capacités cognitives.

L'objectif de Young and Bilingual™ est de vous accompagner ainsi que vos enfants ou élèves dans leur apprentissage des langues pendant leur jeune âge. Les illustrations de chaque livre sont attrayantes et ont couleurs vives. Chaque livre comprend des mots de vocabulaire bilingues, une liste de mots de l'histoire que les enfants doivent connaître, et le classement phonétique de quelques mots de l'histoire.

Nous avons défini quatre niveaux de développement dans nos livres :

✪ Comptines
Chantez avec votre enfant les chansons traditionnelles haïtiennes préférées de tous les temps !

❶ Du préscolaire à la maternelle
Lecture interactive, idéale pour les tout-petits qui découvrent le monde

❷ De la maternelle au CP
Phrases simples, ouvrage idéal pour les pré-lecteurs qui commencent tout juste à apprendre à lire (moins de 150 mots)

❸ De la maternelle au CP
Histoire courte, idéale pour les lecteurs autonomes débutants (moins de 300 mots)

❹ De la maternelle au CE1
Petite histoire, qui comprend des leçons de vie et des découvertes culturelles (moins de 600 mots)

Young and Bilingual™ offre des ressources bilingues GRATUITES sur son site web www.lapetitepetra.com pour aider vos enfants et élèves à devenir bilingues. Faites-nous part de vos commentaires afin de nous permettre de continuer à améliorer nos ressources. N'hésitez pas à nous contacter, et surtout, bon apprentissage !

Revizyon ak kesyon pou dekouvèt : MIT-Ayiti

Premye Piblikasyon : Janvie 2021
Twazyèm Edisyon : Avril 2022
XPONENTIAL LEARNING INC
Copyright © 2020 Krystel Armand

Tout dwa rezève. Okenn pati nan piblikasyon sa a pa dwe repwodwi, distribiye, oswa transmèt nan okenn fòm oswa pa nenpòt mwayen, (kit se fotokopi oswa anrejistreman oswa nenpòt lòt metòd elektwonik oswa mekanik) san pèmisyon alekri e ann avans nan men otè a, eksepte nan ka yon sitasyon ki kout e ke nou mete nan revi kritik ak sèten lòt itilizasyon ki pa komèsyal e ki an ba otorizasyon lwa sou dwa otè.

Les chiffres

Krystel Armand
Ilistrasyon : Oksana Vynokurova

1 En

Un

Petra gen yon kawòt.

Pétra a une carotte.

De

Deux

Polo gen de bwokoli.

Polo a deux brocolis.

Lili gen twa berejèn.

Lili a trois aubergines.

Dani gen kat zonyon.

Dani a quatre oignons.

Senk

Cinq

Petra gen senk tèt lay.

Pétra a cinq gousses d'ail.

Sis

Six

Polo gen sis pòm de tè.

Polo a six pommes de terre.

7 Sèt

Sept

Lili gen sèt chou flè.

Lili a sept choux-fleurs.

8 Uit

Huit

Dani gen uit piman dous.

Dani a huit poivrons.

9

Nèf

Neuf

Petra gen nèf mayi.

Pétra a neuf maïs.

Polo gen dis pwa tann.

Polo a dix haricots verts.

An n konte ! Konbyen melon Petra genyen ?

Comptons ! Combien de pastèques a Pétra ?

An n konte ! Konbyen pòm Polo genyen ?

Comptons ! Combien de pommes a Polo ?

An n konte ! Konbyen kokoye Lili genyen ?

Comptons ! Combien de noix de coco a Lili ?

An n konte ! Konbyen anana Dani genyen ?

Comptons ! Combien d'ananas a Dani ?

An n konte ! Konbyen fig Pétra genyen ?

> Comptons ! Combien de bananes a Pétra ?

An n konte ! Konbyen zoranj Polo genyen ?

Comptons ! Combien d'oranges a Polo ?

An n konte ! Konbyen frèz Lili genyen ?

Comptons ! Combien de fraises a Lili ?

An n konte ! Konbyen mango Dani genyen ?

Comptons ! Combien de mangues a Dani ?

An n konte ! Konbyen seriz Petra genyen ?

Comptons ! Combien de cerises a Pétra ?

43

An n konte ! Konbyen sitwon Polo genyen ?

Comptons ! Combien de citrons a Polo ?

N a wè byento !

À très bientôt !

VOKABILÈ BILENG OU
TON VOCABULAIRE BILINGUE

CHIF
LES CHIFFRES

1 en
un

2 de
deux

3  twa
trois

4  kat
quatre

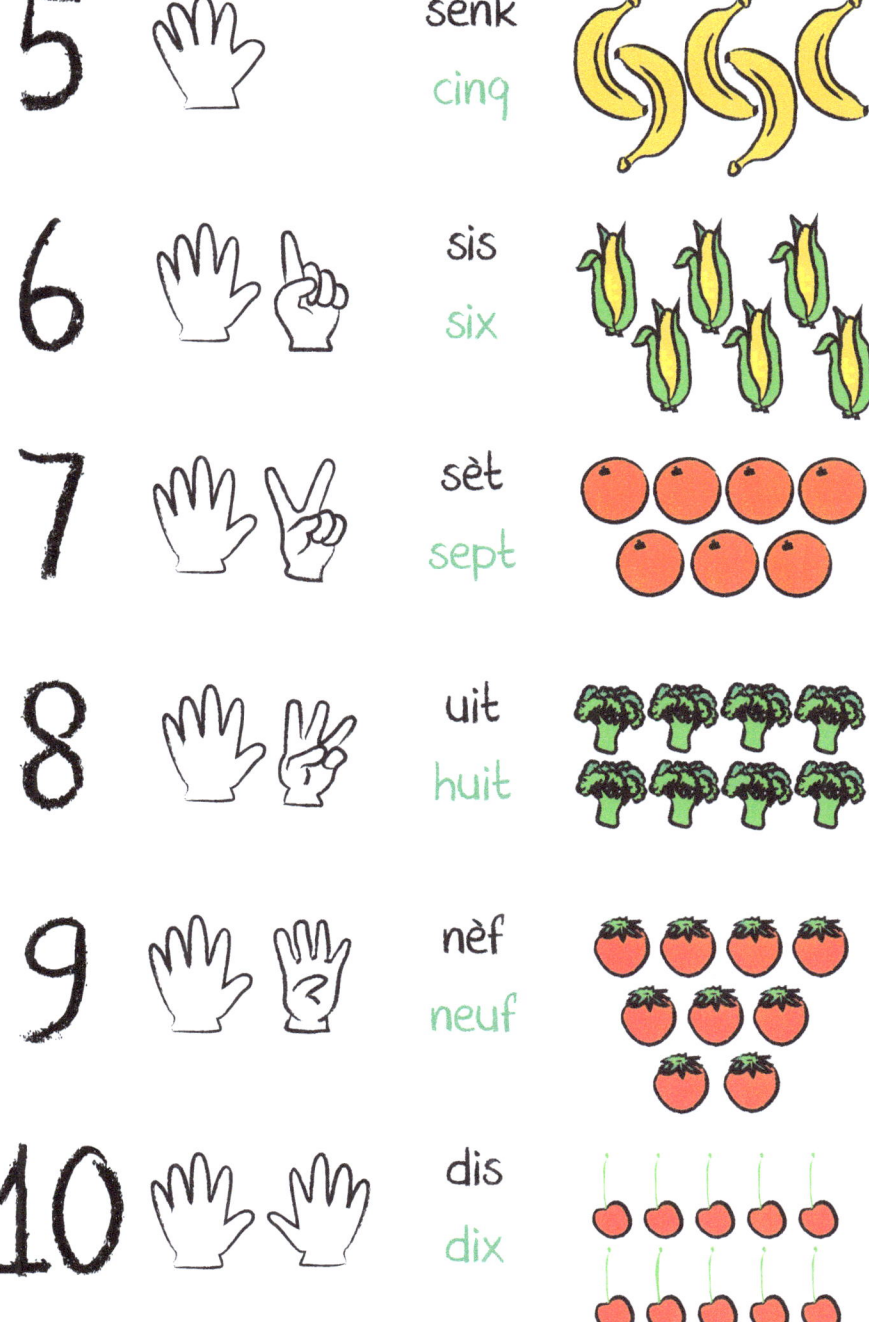

VOKABILÈ BILENG OU
TON VOCABULAIRE BILINGUE

kawòt

carotte

bwokoli

brocoli

berejèn

aubergine

zonyon

oignon

tèt lay

gousse d'ail

pòm de tè

pomme de terre

chou flè

chou-fleur

piman dous

poivron

mayi

maïs

pwa tann | melon | pòm
haricots vert | pastèque | pomme

kokoye | anana | fig
noix de coco | ananas | banane

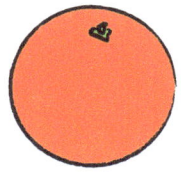

zoranj | frèz | melon
orange | fraise | mangue

seriz | sitwon | legim ak fwi
cerise | citron | légumes et fruits

SERI DEKOUVÈT AYITI

Nan seri sa a, Petra ak Lili dekouvri peyi yo, Ayiti, ak kilti ayisyen ki rich anpil. W ap jwenn liv nivo 1, 2, 3, 4 ak Chanson Ti moun pou adapte ak bezwen pitit ou a oswa elèv ou yo ! Fè nou konnen ki lòt pati peyi d Ayiti oswa kilti ayisyen ou ta renmen Petra ak Lili eksplore !

SÉRIE DÉCOUVERTE D'HAITI

Dans cette série, Pétra et Lili découvrent leur pays, Haïti, et sa riche culture. Vous trouverez des livres de niveaux 1, 2, 3, 4 et de comptines adaptés aux besoins de votre enfant ou de vos élèves ! Faites-nous savoir quelles autres parties d'Haïti ou de la culture haïtienne vous aimeriez que Pétra et Lili explorent !

Koleksyon liv bileng nou enkli liv an kreyòl-anglè, fransè-anglè, pòtigè-anglè ak liv an espanyòl-anglè e plizyè liv disponib an fòma audio pou akonpanye ti lektè nou yo !
Pou plis enfòmasyon, vizite sit wèb nou an nan
www.lapetitepetra.com.

Notre collection de livres bilingues inclut des livres en créole-anglais, français-anglais, portuguais-anglais, et en espagnol-anglais. Plusieurs de ces livres sont disponibles en format audio afin d'accompagner nos petits lecteurs!
Pour plus d'information, visitez notre site web au
www.lapetitepetra.com.

www.ingramcontent.com/pod-product-compliance
Lightning Source LLC
Chambersburg PA
CBHW041132110526
44592CB00020B/2781